¿FOCA O LEÓN MARINO?

Por Rob Ryndak

Traducido por Alberto Jiménez

Gareth Stevens
PUBLISHING

Please visit our website, www.garethstevens.com. For a free color catalog of all our high-quality books, call toll free 1-800-542-2595 or fax 1-877-542-2596.

Cataloging-in-Publication Data

Ryndak, Rob, author.
¿Foca o león marino? / Rob Ryndak, translated by Alberto Jiménez.
    pages cm. — (Similares pero no iguales)
Includes bibliographical references and index.
ISBN 978-1-4824-3270-1 (pbk.)
ISBN 978-1-4824-3416-3 (6 pack)
ISBN 978-1-4824-3272-5 (library binding)
1. Seals (Animals)—Juvenile literature. 2. Sea lions—Juvenile literature. [1. Pinnipeds.] I. Title.
QL737.P64R96 2016
599.79—dc23

Published in 2016 by
Gareth Stevens Publishing
111 East 14th Street, Suite 349
New York, NY 10003

Designer: Sarah Liddell
Editor: Ryan Nagelhout and Nathalie Beullens-Maoi
Spanish Translation: Alberto Jiménez

Photo credits: Cover, p. 1 (background) MIMOHE/Shutterstock.com; cover, p. 1 (seal and sea lion) Eric Isselee/Shutterstock.com; p. 5 Andrea Izzotti/Shutterstock.com; p. 7 (sea lion) chbaum/Shutterstock.com; p. 7 (seal) Ulrike Jordan/Shutterstock.com; p. 7 (walrus) Vladimir Melnik/Shutterstock.com; p. 9 (top) Simone Janssen/Shutterstock.com; p. 9 (bottom) Christian Musat/Shutterstock.com; p. 11 (top) Joshua Sharp/Shutterstock.com; p. 11 Barnes Ian/Shutterstock.com; p. 13 (bottom) Khoroshunova Olga/Shutterstock.com; p. 13 (top) wim claes/Shutterstock.com; p. 15 (seal) Jose Gil/Shutterstock.com; p. 15 (sea lion) MindStorm/Shutterstock.com; p. 17 (main) Blaine Image/Shutterstock.com; p. 17 (map) Ivsanmas/Shutterstock.com; p. 19 Dmytro Pylypenko/Shutterstock.com; p. 21 Sylvain Cordier/Stone/Getty Images.

Printed in the United States of America

CPSIA compliance information: Batch #CS15GS: For further information contact Gareth Stevens, New York, New York at 1-800-542-2595.

CONTENIDO

Las palabras del glosario se muestran en **negrita**
la primera vez que aparecen en el texto.

Primos segundos

Las focas y los leones marinos se parecen mucho. Muchos viven en los mismos lugares y a ambos les encanta el agua. Aunque a menudo se dice que son "primos segundos", son muy diferentes. ¡Aprendamos a distinguirlos!

Las focas, los leones marinos y
las morsas pertenecen todos a
un grupo animal llamado pinnípedos.
Los pinnípedos son **mamíferos** que
viven tanto en el agua como en tierra,
se alimentan de criaturas marinas
y respiran aire. Los leones marinos
pertenecen a la familia de los otáridos,
mientras que las focas son parte de
la familia de los fócidos.

LEÓN MARINO

FOCA

MORSA

7

Dime cómo oyes
y te diré quién eres

El modo más sencillo de diferenciar
una foca de un león marino es fijarse
en sus orejas. Los leones marinos
tienen pequeñas orejas externas
a los lados de la cabeza, mientras
que las focas solo tienen
unas pequeñas aberturas.

FOCA

OREJAS EXTERNAS

LEÓN MARINO

9

Diversión con las aletas

Las focas tienen **aletas delanteras** cortas y peludas que terminan en garras. En los leones marinos las aletas son más largas y no tienen pelo ni garras. Ambos mamíferos tienen una gruesa **capa de grasa** que los aísla del frío. ¡También les encanta comer pescado!

FOCA

LEÓN MARINO

Los leones marinos y las focas también se mueven de diferente manera. Los leones marinos pueden doblar las **aletas traseras** bajo el cuerpo, lo que les permite caminar en tierra. Las focas **reptan** hacia adelante o lateralmente para moverse en tierra, y en el agua se propulsan con sus aletas traseras, utilizando las delanteras para guiarse. Los leones marinos se propulsan en el agua utilizando sus aletas delanteras.

FOCA

LEÓN MARINO

13

¿Juntos o separados?

Las focas viven solas y pasan más tiempo en el agua que los leones marinos. Solo se **aparean** una vez al año, en tierra. Los leones marinos son mucho más sociables y pasan más tiempo en tierra. ¡Pueden vivir en grupos de más de 1,500 miembros!

FOCA

LEÓN MARINO

¿CÓMO PUEDES DIFERENCIARLOS?

ANIMAL	FOCA	LEÓN MARINO
FAMILIA	fócidos	otáridos
¿TIERRA O MAR?	más en el agua	más en la tierra
OÍDOS	aberturas	orejas externas
ALETAS	cortas, peludas, con garras	largas, sin pelo
RUIDOS	Gruñidos bajos	ladridos fuertes
MOVIMIENTO EN TIERRA	reptan sobre el vientre	doblan las aletas traseras bajo el cuerpo para caminar
FORMA DE NADAR	se propulsan con las aletas traseras y se guían con las delanteras	con las aletas delanteras

Dónde viven

Las focas y los leones marinos viven en las costas occidentales de Estados Unidos y Canadá. Las focas también viven cerca del Polo Norte y del Polo Sur, en Groenlandia y en el **continente** de la Antártida. Los leones marinos viven en las costas meridionales de América del Sur, África, Australia y en el Océano Pacífico.

NORTEAMÉRICA

EUROPA

ASIA

ÁFRICA

SUDAMÉRICA

AUSTRALIA

ANTÁRTIDA

DONDE VIVEN LA FOCAS

DONDE VIVEN LOS LEONES MARINOS

DONDE AMBOS VIVEN

¿Qué son las focas peludas?

Los animales llamados focas peludas ¡son en realidad leones marinos! A menudo se les caza porque hay gente que valora su piel. Tienen pequeñas orejas externas como los leones marinos y también viven en el agua durante varias semanas consecutivas. Hay ocho especies, o clases, diferentes de focas peludas.

FOCA PELUDA

19

Las focas y los leones marinos tal vez sean diferentes, pero los depredan animales como tiburones, orcas y osos polares que los devoran sin hacer distinción entre unas y otros. ¡Esto significa que las focas y los leones marinos tienen que tener cuidado por dónde se mueven, para no convertirse en la cena de alguien!

GLOSARIO

aletas delanteras: extremidades de una foca o de un león marino que están más cerca de la cabeza

aletas traseras: extremidades de una foca o de un león marino que están más lejos de la cabeza

aparearse: juntarse para tener crías

capa de grasa: envoltura de grasa que rodea el cuerpo de una foca o un león marino

continente: una de las grandes masas terrestres del planeta

mamífero: animal de sangre caliente con espina dorsal, pelo, que respira aire y amamanta a sus crías

reptar: moverse hacia adelante sobre el cuerpo, como los reptiles

MÁS INFORMACIÓN

LIBROS

Rockwood, Leigh. *Tell Me the Difference Between a Seal and a Sea Lion*. Nueva York, NY: PowerKids Press, 2013.

Silverman, Buffy. *Can You Tell a Seal from a Sea Lion?* Minneapolis, MN: Lerner, 2012.

SITIOS DE INTERNET

Sea Lion vs. Seal
dolphinencounters.com/education-sealionvsseal.php
Para que aprendas más acerca de las focas y los leones marinos.

What's the Difference Between Seals and Sea Lions?
nmlc.org/2011/06/whats-the-difference-between-seals-and-sea-lions/
Aprende más sobre las focas y los leones marinos en este sitio web de National Marine Life Center.

ÍNDICE